AF248344

L27n
23163

VIE ET MIRACLES

DE

LA B. GERMAINE COUSIN

VIERGE CHRÉTIENNE ET BERGÈRE DE PIBRAC

AVEC PERMISSION DES SUPÉRIEURS

PARIS. — IMP. SIMON RAÇON ET COMP., RUE D'ERFURTH. 1.

VIE ET MIRACLES

DE

LA B. GERMAINE COUSIN

VIERGE CHRÉTIENNE ET BERGÈRE DE PIBRAC

ÉCRITE

PAR LE P. JOSEPH BOËR

De la Compagnie de Jésus

ET

TRADUITE EN FRANÇAIS PAR L'ABBÉ M. V. M.

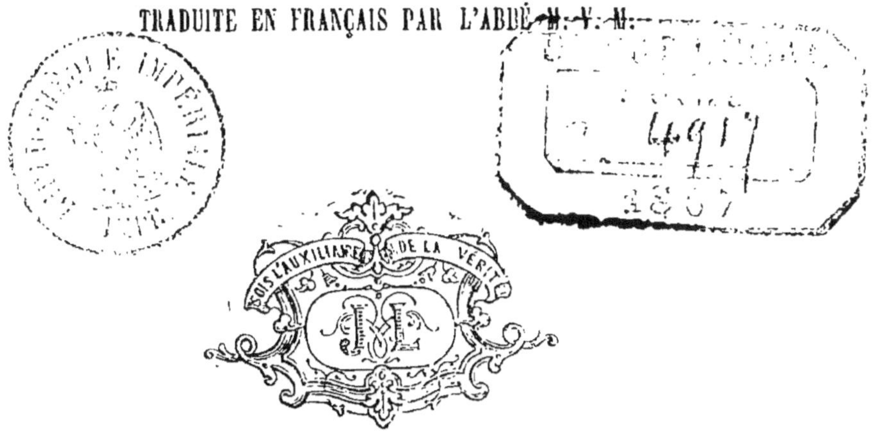

LIBRAIRIE JACQUES LECOFFRE

LECOFFRE FILS ET Cⁱᴱ, SUCCESSEURS

Paris | Lyon
90, RUE BONAPARTE, 90 | ANCIENNE MAISON PÉRISSE

1867

PRÉFACE

Cette histoire de la *Vie* et des *Miracles de la Bienheureuse Germaine*[1] ne se recommande pas à la curiosité des lecteurs par une grande variété de détails. La vie de l'humble bergère de Pibrac a été des plus uniformes et s'est écoulée dans l'obscurité. Écrit en italien, et dans la ville même de Rome où était pendant auprès du saint-siége le procès de la béatification (1854), l'opuscule dont nous offrons la traduction au public français a du moins le mérite d'avoir été calqué sur les pièces mêmes de cette procédure et de participer, pour ainsi dire, à leur caractère sacré. Aussi non-seu-

[1] La Bienheureuse Germaine doit être canonisée le 30 juin 1867

lement je me suis bien gardé d'y rien ajouter, mais j'ai fait consister tout mon mérite et j'ai mis toute mon application à traduire, avec une exactitude scrupuleuse, le texte italien du P. Joseph Boër, qui m'a été remis par l'autorité ecclésiastique pendant la solennité même de la béatification (7 mai 1854). Daigne le Seigneur bénir N. T. S. P. le pape Pie IX, dont il se sert pour rendre à sa servante de tels honneurs en l'espace de peu d'années[1]! Et puisque c'est la dévotion conçue pour elle, à l'époque de sa béatification dans la ville éternelle, qui m'a porté à répandre par une traduction la connaissance de sa vie et de ses miracles en France, ma patrie, qu'elle daigne, en son grand jour sur la terre, qui approche[2], en attendant le beau jour de l'éternité, exaucer plus spécialement les vœux que je forme aujourd'hui !

[1] Treize ans.
[2] Sa canonisation, fixée au 30 juin 1867.

Mai 1867.

VIE ET MIRACLES

DE

LA B. GERMAINE COUSIN

Pibrac est un petit village de France de deux cents feux environ, à huit ou dix kilomètres de la ville de Toulouse. C'était anciennement une seigneurie ou comté appartenant à la noble famille *Dufour*, et l'on y voit encore les ruines du château fort qu'elle y possédait. Situé sur le penchant d'une colline qui s'élève en pente douce, pendant que d'autres collines peu élevées lui font comme une ceinture, ce village n'est certainement pas remarquable par la variété élégante et la magnificence de ses édifices ; les maisons de Pibrac sont pour la plupart humbles et pauvres comme leurs habitants, qui passent leur vie à faire paître leurs troupeaux et à cultiver leurs champs, d'une assez grande fertilité. Mais le titre de gloire et le mérite de leurs aïeux est de s'être toujours maintenus fermes et constants dans la foi catholique, quoique l'hérésie se soit montrée à diverses époques dans les lieux circonvoisins.

C'est dans les environs, à quinze cents mètres de Pibrac, dans une chétive cabane isolée au milieu de la campagne, que, vers l'an 1579, naquit la Bienheureuse Germaine Cousin. Dieu l'avait choisie de toute éternité pour être l'ornement, la gloire et de plus la richesse de ce pays, qui lui doit d'avoir pris de nos jours une grande importance, et d'avoir vu sa condition première bien améliorée par le concours pieux des pèlerins qui, dans tous les temps de l'année, s'y rendent pour demander des grâces et offrir leurs vœux à la sainte bergère. Les parents de Germaine, selon ce que nous en a transmis la tradition, furent Laurent Cousin et Marie Laroche, tous deux de condition pauvre et dépourvus des avantages du monde, mais de mœurs pures et d'une piété exemplaire. Nous ne savons rien de la première éducation donnée à l'enfance de Germaine; mais, à en juger par les résultats, nous pouvons bien dire qu'elle fut élevée avec soin et intelligence. Il est en effet avéré qu'au sortir de cette première enfance on la vit parfaitement instruite des mystères de la foi et de tout ce qu'un bon chrétien doit savoir et pratiquer. Les paroles et les exemples de sa mère n'eussent pas manqué de l'encourager et de l'aider puissamment dans cette voie, si elle avait pu en jouir plus longtemps. Mais Marie Laroche mourut prématurément, laissant, dans un âge encore très-tendre, l'unique enfant qu'elle avait eue de Laurent, son mari. Il en résulta que, depuis ce moment, la culture de l'intérieur de Germaine fut bien moins due aux efforts des moyens humains qu'aux enseignements de l'Esprit-Saint, qui, se complaisant dans cette âme innocente, la prépara, en la formant de longue main, à ce sublime degré de perfection où dans la suite il la fit arriver par des progrès successifs. Sans cela il serait impossible de comprendre comment, en un âge si peu avancé, elle aurait pu résister aux épreuves si nombreuses et si rudes qui, par la permission de Dieu, vinrent assaillir sa vertu, et au milieu desquelles non-seulement elle demeura ferme et constante, mais encore elle parvint à la plus haute perfection, au point de regarder et de recevoir comme bénéfice et bonheur tout ce qui chaque jour s'offrait à elle de souffrances et de tribulations.

§ II. — Occasion des persécutions et mauvais traitements qu'elle eut à souffrir de la part de ses proches.

Il nous faut remonter, pour trouver le principe de ces tribulations, jusqu'à la mort de sa mère.

Son père s'étant remarié, la femme qu'il épousa, ainsi qu'il arrive ordinairement en pareil cas, regarda Germaine de mauvais œil et la prit en aversion. N'ayant de pensées et de soins que pour ses propres enfants, elle ne se contentait pas de négliger sa belle-fille, elle en vint jusqu'à lui infliger de mauvais traitements. Germaine était estropiée du bras droit, probablement de naissance, et scrofuleuse. Ces deux infirmités, qu'elle supporta avec une patience et une résignation inaltérables, elle les conserva jusqu'à sa mort, soit, parce qu'elles étaient incurables de leur nature, soit parce que, à cause de l'extrême pauvreté de la famille et de l'insouciance de ceux qui l'entouraient, elles ne furent jamais traitées convenablement. Or ce qui devait naturellement exciter la pitié et la compassion fut, au contraire, une cause d'une plus grande aversion de la part de la marâtre. La seule vue de Germaine avec son bras estropié et ses plaies toujours vives soulevait ses répugnances et son dégoût ; elle ne pouvait pas même supporter de l'avoir à ses côtés pendant quelques instants. Tantôt elle la rebutait avec d'amères paroles ; tantôt elle la reprenait en termes injurieux et grossiers. Et, bien que la sainte enfant se montrât en tout docile, soumise et obéissante au moindre signe, elle ne put jamais obtenir de sa marâtre une parole de bienveillance, un air de bon accueil, un regard moins méprisant. Tout ce qu'elle faisait était mal fait, et il n'est sorte de mauvais traitements qu'elle n'en reçût. Cette méchante femme en arriva, par ses fâcheuses insinuations, jusqu'à prévenir le père même contre sa fille, quoiqu'il fût de bon naturel, et à lui persuader de reléguer le plus loin possible de la maison cet avorton (comme elle l'appelait).

Elle lui représenta qu'il y aurait grand danger à garder
une scrofuleuse au milieu des autres enfants, auxquels le
mal se communiquerait facilement, et qui, de cette manière, en demeureraient viciés et infectés. Ces raisons,
présentées avec cette force que sait ordinairement leur
donner une femme passionnée, finirent par convaincre
Laurent ; il donna à Germaine le soin d'un troupeau de
brebis, et par ce moyen il la tint tout le long du jour
éloignée de la maison paternelle, dans la nécessité où
elle se trouvait de passer sa vie au milieu des champs et
des bois. Comme complément à tout cela, l'implacable marâtre ne voulut lui donner, pour s'y livrer au repos de
la nuit, qu'un coin de l'étable et un lit de sarments.

§ III. — Chargée de faire paître les brebis, elle passe toute sa vie
dans cet humble emploi, supportant avec une patience héroïque
d'incroyables fatigues et adversités.

La Bienheureuse Germaine sortait à peine de la première enfance quand elle fut chargée de faire paître les
troupeaux, et ce fut dans cet humble métier de bergère
qu'elle passa tout le reste de sa vie. Ce que furent en in_
tensité et en nombre les souffrances, les privations, les
misères qu'elle endura, c'est chose plus facile à imaginer
qu'à décrire : elle était exposée continuellement, dans
une campagne découverte, à la chaleur brûlante de l'été

et au froid rigoureux de l'hiver, au vent, à la pluie et à toutes les intempéries de la saison, ce qui est inséparable d'une vie où l'on erre constamment çà et là sur les sommets des montagnes ou au fond des vallées. Que si de telles incommodités sont au-dessus des complexions les meilleures et les plus robustes, que faudra-t-il dire d'une pauvre enfant d'âge encore tendre, frêle de corps, privée de ses forces et consumée d'un mal chronique ; n'ayant pour tout vêtement qu'une robe usée et déchirée, et pour tout abri que celui qui lui était offert par les arbres et les grottes des rochers ? Ajoutez à cela que sa nourriture de chaque jour consistait uniquement en un morceau de pain noir, qui lui était donné le matin, avec beaucoup de parcimonie et de rebuffades, par sa belle-mère. Ce qui porte à croire que même, pour ne pas mourir de faim, elle a dû souvent être réduite à se nourrir de racines amères et de fruits sauvages, qu'elle pouvait par hasard trouver dans les bois.

Si du moins elle avait rencontré quelque consolation et relâche dans ses peines lorsque le soir elle rentrait au logis avec son troupeau ! Mais c'est alors précisément que s'accroissaient sans mesure pour elle les souffrances et les amertumes. En effet, à peine avait-elle atteint la maison, toute défaite et fatiguée par le travail du jour, que sa belle-mère, toujours sans pitié, l'accueillait par toutes sortes d'injures et d'outrages.

Malheur à elle si elle mettait le moins du monde les pieds dans l'intérieur de la maison, pour se réunir à la famille ! Alors on ne lui épargnait pas les plus amers reproches et quelquefois même les coups et les mauvais traitements.

Comme si elle eût eu la peste, elle devait rester à distance de ses petits frères et de ses petites sœurs sans jamais les entretenir ou communiquer avec eux, de quelque façon que ce fût. Elle devait se contenter de quelques morceaux de pain qui lui étaient donnés, et ne jamais se plaindre quand on les lui refusait. Après quoi elle devait demeurer seule, sans compagnie, sur le plain-pied des derrières de la maison ; elle rentrait ensuite dans l'étable avec ses brebis, pour y prendre un sommeil pénible sous une rampe d'escalier de bois, en se jetant toute vêtue, comme elle était, sur un fagot de sarments qui seuls la préservaient de l'humidité du sol.

Or il est difficile de dire combien une telle vie toute d'épreuves et de misère, qui ne dura pas seulement quelques mois, mais plus de douze années entières, perfectionna la vertu de Germaine. Parfaitement résignée à la divine volonté, elle souffrait tout avec une patience invincible, et, bien loin de se plaindre de l'état où Dieu l'avait placée, elle se réjouissait, au contraire, d'y trouver l'occasion d'imiter plus parfaitement les exemples de Jésus-Christ et de lui prouver son amour en supportant avec courage et constance toute espèce d'adversité.

Ainsi l'on n'entendit jamais d'elle un mot qui sentît le moins du monde la plainte et le reproche, jamais une parole de récrimination contre ses parents et spécialement contre sa dénaturée et impitoyable belle-mère. Elle se mon-

trait, au contraire, toujours sereine dans l'expression du
visage, affable dans ses relations, très-prévenante dans ses
manières ; et envers sa belle-mère elle-même, elle se rendit
d'autant plus affectueuse et empressée, que celle-ci lui
faisait sentir davantage son antipathie et son aversion. Elle
était toujours prête au moindre signe, très-attentive et
obéissante au moindre commandement, quoiqu'elle sût bien
que son obéissance et sa soumission n'auraient pas pour effet
de lui concilier le cœur de cette femme, mais de la rendre
de plus en plus malveillante. Indignement battue, elle n'en
conservait aucun ressentiment, elle ne se défendait pas
des coups, elle ne jetait pas un cri ; recevant avec une inaltérable douceur tous les outrages comme si elle les eût
mérités, elle les portait en déduction de ce qu'elle croyait
devoir pour ses péchés, quoiqu'elle fût innocente et, que,
autant qu'on peut le savoir, elle n'eût jamais souillé son
âme d'une seule faute.

Elle aimait sa pauvreté, elle aimait ses souffrances et ses
infirmités, parce qu'elles détachaient son cœur de l'amour
des choses d'ici-bas et le portaient à s'attacher aux biens
éternels, après lesquels elle aspirait avec ardeur.

Une si grande vertu ne pouvait manquer de frapper les
regards des habitants du pays. Mais ces gens-là, peu habi-
tués à discerner en quoi consiste le solide de la perfection et
à juger sainement du mérite de la vraie sainteté, au lieu
d'admirer et d'apprécier à leur juste valeur les exemples
héroïques de Germaine, en faisaient le sujet de leurs mo-
queries et de leurs dérisions. Cette humeur toujours égale,

cette paix, ce calme inaltérable et cette fermeté invariable et constante à souffrir gaiement quoi que ce fût de fâcheux, leur paraissaient procéder d'une nature morte et insensible, d'une grossièreté d'éducation ou bien encore d'un raffinement de dissimulation et d'hypocrisie, qui voulait se faire une réputation et un renom de sainteté. Telle est la malignité du monde, tel est le sort des justes. Il ne se passait pas de jour que les gens du village et les bergers qui menaient paître leurs troupeaux auprès de ceux de Germaine ne la prissent pour sujet de leurs plaisanteries et de leurs amusements moqueurs. Ils se la montraient au doigt et la poursuivaient en l'appelant *cagote*, *bigote*, *cafarde*, tout autant de sobriquets injurieux qui lui sont restés pendant l'espace de plusieurs années comme s'ils eussent été ses noms propres. Ils pouvaient se porter tout à leur aise à de telles indignités et à bien d'autres encore, parce que la bienheureuse enfant, mettant continuellement en pratique la patience et la mortification, ne leur répondait jamais un mot. Cette conduite, qui augmentait la maligne insolence de ces gens grossiers, faisait ressortir la vertu héroïque de Germaine, qui s'estimait très-heureuse d'acheter le bonheur de plaire à Dieu au prix des souffrances et des humiliations.

§ IV. — De son amour pour Dieu et de sa dévotion envers la
très-sainte Vierge ; de son zèle pour le salut des âmes et de sa charité dans l'assistance temporelle du prochain.

Dans le fait, on ne peut douter que Germaine n'ait tiré
de Dieu seul la force d'âme qui lui était nécessaire pour
endurer et surmonter pendant un si long espace de temps
de si cruelles épreuves. Elle aimait la solitude dans laquelle
elle vivait constamment comme un moyen de s'unir plus
étroitement à Dieu d'esprit et de cœur. Aussi par ce
motif, évitant la conversation des hommes, elle conduisait ses brebis dans des lieux écartés et solitaires, et là,
loin du bruit et de toute distraction extérieure, elle passait
son temps soit à prier vocalement, soit à méditer sur les
choses célestes et les grandeurs de son divin époux. On dit
qu'elle fut vue bien souvent agenouillée sous un arbre,
au pied d'une croix qu'elle avait faite elle-même avec deux
morceaux de bois, tout absorbée dans une très-haute contemplation. Alors Dieu, qui aime à s'entretenir avec les
âmes pures et simples, se communiquait intimement à
elle et lui faisait goûter des délices telles, qu'il nous est
impossible de les comprendre, bien loin de pouvoir les raconter.

Il est vrai que pour s'unir à Dieu elle n'avait pas besoin
de recueillir ses pensées en elle-même, en les rappelant de

la préoccupation des objets extérieurs. Elle trouvait partout son Bien-Aimé ; la seule vue des plantes, des fleurs, de l'eau, du ciel, suffisait pour que son esprit et son cœur fussent aussitôt ravis et perdus dans la contemplation et l'amour du souverain Bien ; et, soit qu'elle cheminât derrière son troupeau dans les bois, soit que, assise à l'ombre d'un arbre, elle filât sa quenouille, toutes ses pensées et ses affections étaient habituellement dirigées et fixées en Dieu. D'où l'on peut conclure qu'elle a atteint ce degré que l'on peut bien regarder comme la dernière limite où l'âme, encore enchaînée par les liens du corps, puisse arriver, c'est-à-dire avoir toujours Dieu présent à la pensée et l'aimer sans partage d'un amour très-intense.

Pour augmenter en elle cette ardeur de charité, elle s'approchait tous les dimanches et fêtes des très-saints sacrements, et assistait chaque jour au très-saint sacrifice de la messe. Elle sortait de grand matin pour les soins de son troupeau. Mais, sitôt qu'elle entendait, soit dans sa paroisse de Pibrac, soit dans les églises d'alentour, sonner la messe, laissant son troupeau paître dans les champs, elle se mettait en marche pour aller l'entendre. Elle n'omit jamais cette pieuse pratique de chaque jour, alors même que, le temps étant pluvieux, les chemins fussent rompus et mauvais. La meilleure preuve de son amour pour Dieu, c'est qu'elle eut souverainement à cœur de ne pas lui déplaire, même en matière légère. En ce point il y a accord parfait de tous les témoignages dans les procédures. « La meilleure preuve (dit l'un d'eux) de l'amour que la

« B. Germaine avoit pour Dieu est sa fidélité à éviter
« tout péché ; et nous savons par la tradition qu'elle con-
« serva jusqu'à sa mort son innocence baptismale ; et
« (ajoute un autre) son amour pour Dieu parut en ce
« qu'elle évita tout péché et même les plus petites fautes,
« et dans une pureté de conscience si grande, que, comme
« on le tient d'une tradition constante, elle conserva jus-
« qu'à la mort l'innocence baptismale. »

A l'amour qu'elle portait au divin Maître Germaine joi-
gnit une tendre dévotion envers la Vierge, sa Mère. Une
des prières qu'elle avait habitude de faire en son honneur
avec le plus de goût et de dévotion était le saint Rosaire,
qu'elle récitait tous les jours à genoux, en méditant
les sublimes mystères dont on y fait mémoire. Quand
le matin, vers le milieu du jour, et sur le soir, elle entendait le son de la cloche qui donnait le signal de l'*Angelus,*
la bienheureuse enfant, en quelque lieu qu'elle fût, soit
au milieu de la boue, soit même dans l'eau, se mettait
aussitôt à genoux pour saluer et vénérer Marie, sa tendre
mère. Elle célébrait ses fêtes avec une affection toute particulière, s'y préparant plusieurs jours d'avance par divers
actes de vertus pour se concilier toujours de plus en plus
la protection de Marie. Nous ne savons pas en détail combien de faveurs, de faveurs signalées, elle reçut en retour ;
mais il est certain que la reine du ciel ne se sera pas laissé
vaincre en générosité à l'égard de sa fidèle et dévote
servante. Ce fut sans doute à cette puissante protection que
Germaine dut cette vie pure et cette intégrité virginale

qu'elle conserva jusqu'à sa mort, malgré toutes les embû-
ches et tous les piéges que tendit sous ses pas l'ennemi du
salut.

A mesure qu'elle croissait en amour pour Dieu, elle
sentait croître toujours davantage sa charité envers le prochain. « Ces deux amours (comme le dit saint Grégoire)
« ont deux parties qui ne font cependant qu'un seul tout :
« ce sont deux anneaux, mais réunis et constituant une
« seule chaîne; ce sont deux actes différents, mais éma-
« nant d'une seule vertu ; deux œuvres, mais une seule
« charité; deux mérites auprès de Dieu, mais qu'il est
« impossible de séparer l'un de l'autre[1]. » Une pauvre
petite bergère telle qu'était Germaine, chassée ou à peu près
chassée de la maison paternelle, presque privée de ce qui
était nécessaire pour soutenir son existence, mal pourvue
de vêtements, obligée de passer sa vie dans les bois et
sur les sommets des montagnes, ne pouvait pas donner
cours à sa charité en visitant les prisons et les hôpitaux,
en servant les infirmes, en pourvoyant abondamment à
toute espèce de nécessiteux, en revêtant ceux qui sont
nus, en donnant à manger à ceux qui ont faim. Mais elle
trouva bien moyen de venir en aide au prochain, conformément à ce que lui permettaient son état et sa condition.

Elle alla même en ce point bien au delà de ses forces et de ses moyens. Ce morceau de pain qui lui était
donné pour sa ration du jour, et qui n'était pas suffisant

---

[1] Lib. II *Moral.*, c. x.

même pour l'empêcher de souffrir la faim, elle avait l'habitude de le partager et de le distribuer aux pauvres. Et ce qui mit le comble à sa grande charité, c'est que ce généreux sacrifice et cette rigoureuse privation, elle se l'imposait chaque jour. Elle sentait son cœur se serrer de pitié à la vue de ceux qui souffraient ; et, sans aucune préoccupation de ses propres besoins, elle s'appliquait de tout son pouvoir à subvenir à ceux du prochain. Ainsi, plutôt que de voir souffrir les autres, elle s'assujettissait à souffrir elle-même le tourment de la faim. Que si, selon la maxime de Jésus-Christ, il y a une grande récompense promise à la pauvre femme qui, comme nous le lisons dans l'Évangile, mit dans le tronc du temple un seul petit denier, combien plus grande, et plus héroïque, et plus digne encore d'éloges et de récompense, doit nous paraître la charité de notre Bienheureuse, qui ne donna pas de l'or, de l'argent, mais qui donna, par amour pour son Dieu, ce morceau de pain-là même qui était toute sa ressource pour se soutenir, et qui par cela s'exposait encore, comme nous le verrons, aux injures et aux mauvais traitements de sa belle-mère.

Non contente de venir en aide au prochain dans ses besoins matériels, elle mettait tout en œuvre pour aider le prochain dans les besoins spirituels de son âme. Et premièrement, par l'exemple de ses héroïques vertus, même en ne disant rien, elle prêchait aux habitants du pays la dévotion et la piété. Puis, autant que cela dépendait d'elle, elle ne manquait pas, toutes les fois qu'elle en trouvait l'occasion, de donner un bon avis à ceux dont la conduite était peu régulière ; de ranimer et d'enflammer la ferveur des bons par de saints entretiens. Par-dessus tout, elle exhortait les jeunes personnes de son âge à ne pas se laisser prendre aux vanités et aux folies du monde, et à s'exercer sérieusement à la pratique des vertus chrétiennes. On se souvient encore qu'elle réunissait autour d'elle, dans les champs, des petits garçons et des petites filles qui gardaient comme elle leurs troupeaux, et leur enseignait avec une admirable patience les principes de la doctrine chrétienne, les actes des vertus théologales et toutes les autres choses nécessaires à savoir pour le salut. Elle ne se relâcha jamais d'un seul point en cette noble tâche, bien qu'au lieu de remercîments elle reçût parfois des sarcasmes et des outrages : — elle avait trop à cœur le bien des âmes pour se préoccuper des jugements qu'on pouvait porter sur elle

En résumé, la Bienheureuse Germaine fit, par amour pour son prochain, tout ce que dans sa position, sa condition et son âge, il lui était possible de faire, et, par conséquent, peut-être qu'elle égala en mérite ceux qui ont produit davantage, parce que Dieu ne regarde pas à l'importance de l'œuvre en elle-même, mais à l'intention et à la disposition intérieure avec laquelle on la fait.

§ V. — Choses merveilleuses par lesquelles Dieu signala la sainteté
de la Bienheureuse Germaine.

D'après tout ce que l'on a vu dans cette histoire, il n'y a pas lieu de s'étonner que Dieu, par des effets au-dessus de l'ordre naturel, par des prodiges éclatants, ait manifesté la vertu et la sainteté de la simple et humble bergère. Trois de ces prodiges ont laissé jusqu'à nos jours un souvenir toujours vivace et toujours récent : les habitants de Pibrac montrent encore les lieux qui en ont été le théâtre.

Nous avons dit plus haut que la Bienheureuse Germaine avait coutume chaque jour de se rendre à l'église pour y entendre la sainte messe, en laissant dans les pâturages ses brebis abandonnées à elles-mêmes. Quelqu'un peut-être sera tenté de voir en cela un défaut plutôt qu'une vertu comme dans celle qui, pour satisfaire sa dévotion particulière, aurait manqué à ses devoirs d'état. Mais, comme elle ne se portait à en agir ainsi que par l'impulsion divine, Dieu, de son côté, pourvoyait d'une autre manière à la garde du troupeau. En partant, la bienheureuse et douce enfant plantait droite en terre sa quenouille ; les brebis, dociles et intelligentes, se groupaient tout autour, et il n'arrivait jamais, pendant l'absence de la bergère et jusqu'à son retour, qu'une seule brebis se séparât des autres, ou que, s'échappant, elle causât quelque dom-

mage dans les champs ensemencés. Ce n'est pas tout :
il y avait dans les bois d'alentour beaucoup de ta-
nières de loups très-voraces qui, poussés par la faim, sor-
taient de temps à autre de leurs repaires, surtout en hiver, et, tombant sur les troupeaux même bien gardés et
défendus, en faisaient un horrible carnage. Les seules
brebis de Germaine, quoique abandonnées à elles-mêmes,
et sans la garde des chiens, puisqu'elle n'en avait pas, ne
furent jamais le moins du monde touchées ou attaquées.

Dieu voulut encore d'une autre manière montrer combien il agréait la dévotion de sa servante. Pour se rendre
à l'église paroissiale de Pibrac, qui est située sur le som-
met de la colline, elle avait à passer un petit torrent qui
coule tout au bas, et qui sépare une colline de l'autre.
Or ce torrent, très-souvent grossi par d'abondantes pluies
survenues, roulait ses eaux à plein lit et rendait le passage
à gué non-seulement difficile, mais impossible, surtout
pour une enfant de cet âge. Malgré cela, la B. Germaine, qui avait mis en Dieu toute sa confiance, au
premier coup de la cloche, se mettant aussitôt en chemin,
se dirigeait vers l'église ; et, arrivée au torrent, soit que les
eaux suspendant leur cours se divisassent, soit qu'une
main invisible la transportât à l'autre bord, toujours est-
il certain qu'elle passait librement à pied sec, soit en
allant à la messe, soit en revenant. Mais voici encore
quelque chose de plus prodigieux dans le fait suivant. La
belle-mère de Germaine, ayant appris qu'elle faisait chaque
jour l'aumône aux pauvres, en vint à la soupçonner de déro-

ber une grande quantité de pain à la maison. Dans cette
pensée qui la rendait plus malveillante encore, toute fré-
missante de colère, elle voulut un matin aller aux champs
surprendre en faute sa belle-fille et la punir sévèrement.
Arrivée près du lieu où Germaine faisait paître son troupeau,
elle se mit, tout en marchant, à éclater contre elle en injures
et en paroles violentes ; puis, l'ayant rejointe, elle lui
arracha avec violence son tablier, qu'elle tenait relevé par
les extrémités autour de son corps, et dans lequel elle
avait véritablement mis quelques morceaux de pain de reste
pour les donner aux pauvres. Mais voici la merveille :
au lieu de pain, il tomba du tablier une pluie de très-fraîches
et belles fleurs qui n'avaient jamais été connues dans le
pays et qui ne pouvaient venir d'ailleurs, puisqu'on était en
plein hiver.

Dieu permit que deux hommes de la terre de Pibrac se
trouvassent là pour être témoins du prodige, car ces gens,
voyant la marâtre courir toute en furie contre sa belle-fille,
et en devinant la cause, voulurent la suivre, pour défendre,
s'il se pouvait, la pauvre jeune fille contre des voies
de fait. Ils étaient précisément de ceux qui jusque-là
s'étaient moqués d'une manière si indigne de la simplicité
et de la piété de la Bienheureuse. A la vue d'un si grand
miracle, ils demeurèrent comme hors d'eux-mêmes et immobiles d'étonnement ; changeant sur l'heure de dispositions et d'opinion envers Germaine, ils furent les premiers
à l'appeler hautement et publiquement du nom de sainte et
à faire l'éloge de ses vertus. Ils répandirent dans tout le

village le bruit de l'événement que nous venons de raconter, et longtemps après c'était encore le sujet de l'entretien général. Laurent, père de Germaine, qui en eut aussi connaissance, s'amenda enfin et défendit sévèrement et expressément à sa femme de faire la moindre peine à sa fille. Puis, ayant rendu toute sa bienveillance à celle qu'il avait si tard connue et appréciée, comme pour lui demander pardon de tout ce qu'il lui avait fait souffrir jusqu'alors, il la pria de vouloir bien reprendre la place qui lui était due au foyer paternel, se réunir à ses frères et sœurs et abandonner le réduit malsain qui lui avait été assigné dans l'étable par son indigne belle-mère. Mais la bienheureuse servante de Dieu, qui déjà avait pris goût aux souffrances, fit si bien auprès de son père, qu'il consentit à ce qu'elle restât comme elle était auparavant.

§ VI. — Mort imprévue et inattendue de la Bienheureuse Germaine, que Dieu néanmoins fait connaître en plusieurs manières merveilleuses.

Tout, depuis ce moment, avait donc changé de face à l'égard de Germaine ; évidemment elle allait devenir, même aux yeux du monde, grande et célèbre. Mais Dieu, dont les voies dans la sanctification des âmes justes sont tout à fait impénétrables, avait arrêté dans ses décrets éternels que, précisément alors qu'on serait revenu des préventions où l'on était au sujet de sa petite servante, ce serait aussi le terme de sa carrière, et que, comme elle avait mené jusqu'alors une vie obscure et inconnue, elle la terminerait par une mort toute semblable. Que telle ait été en effet la mort de Germaine, nous pouvons le conclure de ce que le seul renseignement qui nous en soit resté, c'est qu'à l'entrée de l'été de l'an 1601, alors qu'elle comptait à peu près vingt-deux ans, on la trouva un matin morte sous sa rampe d'escalier et sur son fagot de sarments. Pas une des personnes de la maison ne s'en aperçut. Seulement, comme le soleil était levé depuis longtemps déjà, on vint à remarquer que les brebis étaient encore dans l'étable, et que Germaine n'était pas sortie, contre son habitude ; on envoya aussitôt un de ses frères voir ce qui était arrivé, et celui-ci trouva sa bienheureuse sœur déjà froide, modestement arrangée, et ayant un extérieur tout céleste.

Or, dans le moment même où cette âme innocente se séparait de son corps, Dieu révéla à plusieurs personnes la gloire sublime dont elle allait prendre possession. Un prêtre de Gascogne qui se rendait à Toulouse, en passant cette nuit-là même dans le village de Pibrac, fut ravi en esprit et vit une procession de saints tout éclatants de lumière qui descendaient du ciel vers Pibrac, d'où ils remontaient quelques instants après au ciel, en conduisant au milieu d'eux une âme bienheureuse de plus. Il poursuivit son voyage, et le lendemain, en retournant de Toulouse à Pibrac, il demanda aux gens du pays s'il était mort quelqu'un dans cette paroisse la nuit précédente; il lui fut répondu que c'était la bergère Germaine Cousin, qui était auprès de tous en grande odeur de sainteté.

Une autre vision est consignée en ces termes dans le procès de la Béatification :

« La nuit même de la mort de la Vénérable Germaine « Cousin, deux religieux s'arrêtèrent pour prendre leur « repos dans les ruines du château des anciens seigneurs « de Pibrac, situé sur le chemin qui conduisait à la « demeure des parents de Germaine, la vénérable servante « de Dieu. Vers le milieu de la nuit, ils virent passer deux « jeunes vierges vêtues de blanc, qui se dirigeaient vers la- « dite habitation ; et, quelques moments après, ils les virent « revenir de là ayant au milieu d'elles une autre vierge, « aussi vêtue de blanc, et qui portait sur la tête une cou- « ronne de fleurs. A peine le jour commençait-il à poindre, « qu'ils entrèrent dans le village et demandèrent s'il était « mort quelqu'un ; et il leur fut répondu que non, parce « qu'on ignorait encore que le Seigneur avait appelé à lui « la vénérable Germaine Cousin. »

Pour terminer, la B. Germaine fut vue encore par d'autres personnes, montant au ciel, accompagnée d'un chœur de douze vierges qui lui faisaient cortége.

A la nouvelle de la mort de la servante de Dieu, il y eut un grand concours de peuple pour la voir ; il y en eut encore un plus grand à ses funérailles, qui furent célébrées dans l'église paroissiale de Pibrac, où elle fut enterrée. Le souvenir de ses vertus resta dans le cœur de tous comme une bénédiction ; mais il ne fut fait de manifestation publique en son honneur qu'à partir du moment où il plut à Dieu d'exalter ses mérites par d'étonnantes et éclatantes merveilles.

§ VII. — On trouve le corps de la Bienheureuse exempt de corruption. — Premiers miracles que Dieu fait pour l'exalter.

Le premier commencement de la dévotion et de l'amour des peuples envers la servante de Dieu fut dans l'année 1644. Une dame de la famille Cousin, apparemment à cause de la singulière estime qu'elle avait pour Germaine, voulut par dispositions dernières être enterrée tout à côté de la tombe de sa parente. Or, pendant que l'on creusait la fosse, aux premiers coups de pioche, on découvrit comme à fleur de terre le corps de la Bienheureuse. Depuis quarante-trois ans qu'elle était morte, il s'était conservé sans corruption, frais et maniable. Ainsi, comme on eut par hasard fait une lésion au nez, avec le fer, à l'endroit frappé la chair parut fraîche et le sang vermeil ; les vêtements aussi étaient intacts, et cependant elle avait le front ceint d'une guirlande d'épis et de fleurs desséchées. Le bruit de cette découverte courut aussitôt par tout le village et attira à l'église une affluence considérable. Les personnes qui étaient d'un âge plus avancé, aux traits du visage, à la stature, aux cicatrices de l'affection scrofuleuse et au bras estropié, reconnurent et attestèrent que c'était là le corps de Germaine Cousin, qu'ils avaient connue.

Pour satisfaire la curiosité et la dévotion publiques, le corps fut extrait de terre, placé dans une caisse décente et offert ainsi aux regards de la foule empressée, auprès de la chaire [1], dans l'église. Il y resta jusqu'à ce que, les seigneurs de Pibrac ayant là leur banc, Marie, femme d'un homme noble, François de Beauregard, s'offusquant d'avoir toujours devant les yeux ce cadavre, ordonna qu'il fût transporté ailleurs. Mais elle paya cher son mauvais procédé envers la servante de Dieu: il lui survint à peu de temps sur le sein un ulcère horrible ; et son unique enfant qu'elle allaitait, ayant contracté une maladie grave par suite du lait ainsi vicié, fut réduit à l'extrémité. On fit venir de Toulouse les plus habiles médecins et chirurgiens ; mais tout leur art n'aboutit à autre chose qu'à aggraver le mal de la mère et de l'enfant. Alors le mari commença à soupçonner que toute cette complication de maux, tombée inopinément sur sa famille, était l'effet et la punition de l'irrévérence dont on s'était rendu coupable envers le corps de la bienheureuse petite bergère, et il fit part de ses craintes à sa femme. Celle-ci, rentrant en elle-même, se recommanda sur-le-champ à la servante de Dieu, promettant pour l'avenir de faire une réparation convenable de sa faute. La nuit suivante, se réveillant de son sommeil, elle trouva sa chambre éclairée d'une très-vive

---

[1] *Pupitre*, estrade d'où l'on prêche, en Italie.]

lumière, et au milieu lui apparut, glorieuse et belle, la Bienheureuse Germaine, qui, prenant un air de bienveillance et de bonté, l'assura de sa guérison et de celle de son enfant. Aussitôt que la vision eut disparu, la bonne dame, élevant la voix, appela ses domestiques, auxquels elle raconta de point en point ce qui lui était arrivé ; ayant ensuite porté ses mains sur son sein, elle reconnut à sa grande surprise que l'ulcère était parfaitement fermé et cicatrisé. Elle se fit alors apporter son enfant, qui depuis deux ou trois jours ne prenait plus le sein ; il s'y attacha plein de vigueur, comme s'il n'avait jamais souffert.

Chacun peut se figurer quelle fut l'allégresse de toute la famille à un miracle si inespéré. Ils rendirent tous mille actions de grâces à Dieu, et, le matin venu, ils se rendirent, accompagnés d'un grand concours de peuple, à l'église, pour honorer la servante de Dieu. Au bruit de ce prodige se réveilla dans le peuple le souvenir des vertus de Germaine, et il s'alluma dans tous les cœurs une très-grande confiance d'obtenir par son intercession toutes sortes de grâces et de secours dans les besoins temporels et spirituels. Le corps fut placé dans une nouvelle caisse de plomb faite aux frais de la dame de Beauregard, et transféré dans la sacristie.

Là, les fidèles commencèrent à se rassembler et à présenter leurs suppliques à leur petite bergère, devenue désormais célèbre dans tous les environs, et dès ce moment commence la série non interrompue de merveilles et de prodiges que Dieu s'est plu à opérer jusqu'à nos jours pour l'exaltation et la gloire de son humble servante.

§ VIII. — On reconnaît authentiquement le corps de la Bienheureuse Germaine. — Sa nouvelle translation.

Le corps de la Bienheureuse Germaine resta dans le susdit lieu jusqu'à l'an 1664, époque à laquelle il fut l'objet d'une seconde translation. Voici dans quelles circonstances : Jean Dufour, chanoine de la cathédrale et vicaire général de Mgr Pierre de Marca, archevêque de Toulouse, étant préposé à Pibrac pour la visite officielle, le 22 septembre 1661, voulut reconnaître par un acte authentique le corps de la servante de Dieu et faire une enquête sur les miracles que l'on disait avoir été opérés par son intercession. Il ne sera pas inutile, croyons-nous, de reproduire ici le texte qui nous est resté de cet acte, et qui en grande partie confirme tout ce que nous avons raconté jusqu'ici :

« Nous Jean Dufour, prêtre, chanoine et archidiacre de
« l'église métropolitaine de Saint-Étienne de Toulouse et
« vicaire général de Mgr Pierre de Marca, archevêque de
« Toulouse, nous nous sommes transporté dans l'église du
« lieu de Pibrac, de ce diocèse; et, après avoir célébré la
« sainte messe, avoir prié devant le maître-autel en pré-
« sence de M. Solignac, curé dudit lieu, avons visité ce
« maître-autel... En outre, avons vu dans la sacristie une
« caisse longue en forme de cercueil ou bière, dans

« laquelle nous avons trouvé un corps entier avec tous ses
« membres assemblés et retenus l'un avec l'autre par le
« moyen de leurs ligatures naturelles avec la peau, qui
« recouvrait le corps et la chair, flexible au toucher en plu-
« sieurs endroits, ayant encore la chemise conservée et le
« suaire entier, à part quelques morceaux qui avaient été
« coupés; et, nous étant informé, auprès des personnes âgées
« du lieu, des nom, qualités et habitudes de la personne
« pendant qu'elle était en ce monde, du temps de sa mort,
« et à quelle époque son corps avait été déterré, il nous a été
« répondu et assuré par Pierre Paillès et Jeanne Salaires,
« tous deux parvenus à l'âge de 80 ans ou plus, et habi-
« tants dudit lieu, qu'ils avaient connu la personne à qui
« appartenait ce corps, qui était une jeune fille nommée
« Germaine Cousin, qui était scrofuleuse et manchote; qu'il
« y avait environ 60 ans qu'elle était morte et 17 ans
« qu'elle avait été déterrée.

« De plus, ledit monsieur le curé avec un grand nom-
« bre d'habitants de ladite terre, ayant avec grand soin
« indiqué l'endroit de ladite église dans lequel ledit
« corps avait été trouvé, dans le moment même qu'on y
« faisait une fosse pour enterrer une personne morte dans
« la même famille, nous avons ordonné qu'en notre pré-
« sence on ouvrît la terre dans l'endroit même désigné, et
« cela pour vérifier si le corps qui y avait été déposé alors
« s'était conservé intact, et si par conséquent c'était par
« la nature et propriété du terrain que le corps de Ger-
« maine Cousin avait été préservé de la corruption ; et les

« fossoyeurs l'ayant mis à découvert, nous, avec nombre de
« personnes, nous l'avons reconnu pour être totalement
« putréfié, les os séparés les uns des autres, n'y ayant au-
« cune trace ni des enveloppes, ni de la peau, ni de la
« chair, mais seulement poussière et pourriture.

« Après cela étant retourné à la sacristie et ayant fait
« fermer le cercueil de la Bienheureuse, avec une serrure
« fermant à clef comme il était devant, nous l'avons fait
« mettre contre le mur de la même sacristie, sur deux
« bancs à la hauteur de 9 palmes, à droite de la table de
« ladite sacristie. Et tout de suite a été remis aux mains
« dudit sieur curé un livre dans lequel a été relatée la
« notice authentique avec les signatures des notaires et des
« témoignages des guérisons bien certaines obtenues par
« plusieurs personnes qui s'étaient dévotement recomman-
« dées aux prières de cette bonne vraie servante de Dieu,
« dans leurs nécessités, tant pour les affections scrofuleu-
« ses que pour les paralysies, les ulcères, fièvres, coliques,
« maux d'yeux, cécités, fluxions, tumeurs, hydropisies
« et autres maladies ; et ayant remarqué que diverses per-
« sonnes qui étaient là pouvaient témoigner de quel-
« qu'une desdites guérisons, parce qu'elles avaient vu les
« personnes dans leurs infirmités avant le vœu fait à la
« Bienheureuse, comme aussi dans la guérison parfaite
« depuis l'accomplissement du même vœu, nous avons
« décidé qu'il sera procédé à une enquête juridique sur la
« vérité desdites guérisons, avec l'examen des personnes
« qui en ont été l'objet, et des témoignages du fait, et

« cela par un commissaire qui sera par nous député à cet
« effet, et, en attendant, nous défendons audit sieur curé,
« et à qui que ce soit, d'exposer ledit corps ni aucune par-
« tie d'icelui en public, à l'effet qu'il lui soit rendu par les
« fidèles quelque culte ou vénération de culte public ou
« particulier, ni de le remuer de la place où nous l'avons
« mis, et cela sous peine d'excommunication, jusqu'à ce
« qu'il plaise à la divine Providence de continuer d'une
« manière plus éclatante encore à manifester sa volonté
« sur ce sujet et qu'il en soit ordonné autrement par
« l'Église. »

Or, par ce qui précède, chacun a pu reconnaître que,
dans les seules seize années écoulées depuis la première
invention jusqu'à la deuxième translation du corps, un
grand nombre de guérisons miraculeuses en tout genre
d'infirmités ont été opérées par l'intercession de la Bienheureuse Germaine. Malgré cela, et quelle qu'en fût la
cause, ni à cette époque, ni pendant un certain laps de
temps, conformément aux prescriptions de l'archidiacre
Dufour, il ne fut fait d'information juridique. Voilà le motif
pour lequel on ne put plus avoir des renseignements parti-
culiers touchant la vie de notre Bienheureuse par des
témoins oculaires encore vivants, tels que Pierre Paillès et
Jeanne Salaires, cités plus haut, lesquels avaient vu de
leurs yeux le prodige des fleurs trouvées dans le tablier
de Germaine au lieu de morceaux de pain. Seulement, dans
l'année 1700, on rédigea un bref procès d'enquête ordinaire dont nous allons parler.

§ IX. — Autre reconnaissance du corps exempt de corruption, et bref procès d'enquête sur les miracles.

Le concours des fidèles au tombeau de la Bienheureuse Germaine augmentant tous les jours, ainsi que le bruit des nombreux prodiges qu'elle opérait, les archevêques de Toulouse et spécialement Mgr de Carbon et Mgr de Colbert, qui dans l'année 1698 visita en personne la paroisse de Pibrac, ne manquèrent pas de prendre les dispositions nécessaires pour dresser des procès d'enquête sur la vie, les vertus et les miracles de la servante de Dieu. De plus, la commune de Pibrac réunie en conseil nomma à cet effet pour son représentant M. Jacques de l'Espinasse, qui avait été avocat au parlement de Toulouse, et qui était pour lors syndic du village. Celui-ci sollicita avec beaucoup de zèle la venue du R. P. Joseph Morel, prêtre de l'Oratoire et vicaire général de l'archevêque, qui, en qualité de juge délégué dans cette cause, se rendit à la paroisse de Pibrac le 5 janvier 1700.

A peine connut-on son arrivée et le motif de son voyage, qu'on vit accourir à l'église, même des pays circonvoisins, une grande foule de peuple. L'affluence fut telle que, dans la première matinée, le vicaire général donna, de sa propre main, la communion à plus de cinq cents personnes.

Entre autres témoins, vinrent pour déposer Françoise-
Pérez et Pierre Fougasse, qui, dans l'année 1644, s'étaient
trouvés présents lorsque pour la première fois on avait
constaté que le corps de la Bienheureuse Germaine était
demeuré intact et sans corruption On procéda ensuite à
une nouvelle reconnaissance du saint corps, qui fut trouvé
dans les mêmes conditions et dans le même état qu'on
le lisait décrit dans les actes authentiques, dressés anté-
rieurement, en 1661, par le vicaire général Jean Dufour,
ainsi que nous l'avons rapporté ci-dessus.

Quand on eut constaté l'identité du corps, le sage
vicaire général commit deux habiles chirurgiens qui,
après avoir examiné avec soin toute chose selon les rè-
gles de l'art, déclarèrent par écrit et sous la foi du serment leur opinion affirmative touchant l'incorruption
du corps de la Bienheureuse. Et tous deux, d'après leurs
considérants et observations, attestèrent dans leurs
actes qu'ils n'avaient pu apercevoir aucun indice d'em-
baumement ; qu'il était certain, au contraire, que ce
cadavre n'avait jamais été embaumé, et de là que le fait
de s'être conservé jusqu'alors sans altération, principale-
ment au regard de certaines parties plus sujettes à la corruption, comme les oreilles et la langue, ne pouvait être
attribué à une cause naturelle ; en conséquence, que la
seule disposition et volonté de la divine Providence avait
pu opérer ce véritable prodige, d'autant plus évident que
la qualité du terrain et les conditions du site où était resté
enterré pendant quarante-trois ans le corps de la ser-

vante de Dieu, sans aucun préservatif, étaient plus contraires à l'incorruptibilité.

Après cela, on en vint à l'examen des miracles. Mais il se présenta alors un si grand nombre de personnes pour déposer, soit sur des faits propres, soit comme témoins oculaires, que, pour ne pas allonger démesurément la procédure, il fallut en choisir un petit nombre, réservant les autres à un autre temps. De ses miracles nous en avons rapporté quelques-uns dans une histoire plus étendue, à laquelle nous renvoyons les lecteurs.

§ X. — Le corps de la Bienheureuse Germaine, mis par les impies en terre dans un lit de chaux, est retrouvé au bout de deux ans intégralement conservé.

Avec la renommée de ses nombreux miracles s'accrut toujours de plus en plus la dévotion des peuples envers la Bienheureuse Germaine, et cela jusqu'à l'année 1793, époque à laquelle son corps fut enlevé par des mains sacrilèges du lieu où il était, et jeté dans une fosse profonde. Sur la fin du dix-huitième siècle, la France, comme chacun sait, fut toute en perturbation et en désordre. La famille royale ayant été renversée du trône et la république proclamée, on vit monter au pouvoir et prendre les rênes du gouvernement une tourbe d'hommes impies, scélérats et cruels, qui, dès le principe, firent une guerre acharnée à la religion, usant de toute sorte d'artifices et de violence pour la déraciner du cœur des fidèles. On vit dans l'espace de peu de temps les évêques chassés de leurs siéges, les ouailles devenues la proie et les victimes de loups dévorants, les prêtres et les autres ministres du sanctuaire traînés devant les tribunaux, jetés dans les prisons, persécutés et barbarement égorgés par plusieurs centaines à la fois; puis le culte divin proscrit, les églises renversées, les autels démolis, les choses sacrées profanées, les ossements et les reliques des martyrs brûlés et jetés au vent, les statues brisées et les saintes images déchirées. Il arrivait des commissaires investis de pouvoirs illimités, parcourant les villages et les villes, portant partout avec eux la désolation, la ruine et l'extermination. Ils pouvaient, quand tel était leur bon plaisir, par un signe et arbitrairement, prendre, saisir et piller impunément tout ce qu'il y a de plus sacré et de plus vénérable; malheur à qui aurait osé désapprouver de vive voix et faire entendre la moindre plainte, la moindre réclamation !

Il n'est pas étonnant d'après cela que l'église de Pibrac et la sépulture de la Vénérable Cousin aient eu à subir le même sort. Les révolutionnaires, qui alors exerçaient le souverain pouvoir à Toulouse, ne pouvaient pas certainement voir de bon œil le concours des peuples qui chaque jour venaient de divers cantons vénérer la sainte dépouille de la petite bergère. Le bruit des grands

et nombreux miracles qui s'opéraient par son intercession, venant frapper leurs oreilles, était pour ces
hommes qui ne voulaient pas entendre parler du religieux
et du surnaturel une épine qui leur transperçait le cœur
et qu'ils ne pouvaient en définitive supporter.

Partant ils délibérèrent et arrêtèrent de disperser, s'ils
en trouvaient le moyen, le corps de la Bienheureuse Germaine ; et à cet effet, en l'année 1793, ils envoyèrent à
Pibrac un de leurs commissaires. C'était un certain Toulza,
vil artisan en vases et en ustensiles d'étain, qui, n'ayant
d'autre mérite que son impiété et son naturel présomp-
tueux, s'en était fait cependant comme un marchepied
pour s'élever jusqu'à être un des chefs révolutionnaires
du district de Toulouse. Arrivé à Pibrac, il fit enlever de
la place et ouvrir la caisse de plomb dont il fit tirer le
corps de la Bienheureuse ; ensuite les nouveaux magistrats municipaux, qui ne valaient pas mieux que Toulza,
ordonnèrent à quatre hommes du pays de creuser dans
l'endroit même, sous le pavé, une fosse profonde, et d'y
jeter la relique révérée. Un d'eux refusa, protestant
hautement qu'il ne consentirait jamais à se prêter à
cette méchante œuvre. Les autres consentirent, et, non
contents d'avoir jeté le corps dans la fosse, ils mirent
par-dessus un lit de chaux vive avec une grande quantité
d'eau, pour qu'il fût promptement décomposé.

Mais Dieu ne tarda pas à leur rendre selon ce qu'ils
méritaient : l'un d'eux fut inopinément frappé d'une para-
lysie qui lui ôta l'usage d'un bras ; un autre eut le cou

contracté et enroidi avec la face tournée sur les épaules ;
et le troisième fut, à la fleur de l'âge, saisi par un mal si
opiniâtre, qu'il demeura jusqu'à la fin de sa vie dans
l'impuissance complète de marcher, et qu'il dut se servir
de potences pour se soutenir sur ses pieds. Il porta ainsi
jusqu'à sa mort, et sans ressentir aucun remords, au vu
de tous et à leur grande terreur, le châtiment de son impiété. Les deux autres, après un intervalle de plus de vingt
années, rentrèrent en eux-mêmes et, repentants des excès
dont ils s'étaient rendus coupables, ils eurent recours avec
confiance à l'intercession de la Bienheureuse Germaine,
et obtinrent d'elle la guérison de l'âme ainsi que celle du
corps.

Lorsque la précieuse relique eut ainsi été soustraite à la
vue des habitants du comté, leur dévotion et leur confiance
n'en diminuèrent pas pour cela ; de tous côtés ils se ren-
daient à la sacristie, et là, agenouillés sur la tombe, ils
priaient et demandaient des grâces ; d'autres, ne pouvant
s'y transporter, saluaient de loin leur chère petite bergère
et se recommandaient à elle, retirant par son intermédiaire,
comme auparavant, aide et secours dans leurs misères et
leurs infirmités. Les affaires publiques ne furent pas plutôt
dans un état plus tranquille, que tous se rendirent auprès du syndic Jean Cabriforce et de l'abbé Montastruc,
qui était le curé intrus de Pibrac, pour demander qu'on dé-
terrât le corps de la Bienheureuse, ce qui fut fait en 1795.
Il fut trouvé avec les chairs desséchées et durcies, mais du
reste entier et bien conservé, quoiqu'il eût été pendant

deux années consécutives dans un lit de chaux, sans aucun préservatif contre l'humidité du terrain.

Il arriva même que, lorsqu'on eut enlevé un voile qui couvrait le visage de la Bienheureuse, on y remarqua quelques taches d'un sang frais et vermeil. On peut bien se représenter quelle émotion, à cet aspect, se manifesta parmi le peuple. Avec la pompe d'une procession solennelle et avec des signes de joie et des cris d'allégresse, on leva de terre le saint corps et on le replaça dans le lieu d'où on l'avait arraché. Puis, l'an 1820, il fut transféré dans la nouvelle sacristie ; en 1831, dans la chapelle de Saint-François, et finalement, en ces dernières années, dans un monument construit sur le sol du cimetière et séparé de l'église, en exécution du décret d'Urbain VIII.

Ce serait ici le lieu de rapporter les miracles par lesquels Dieu s'est plu, depuis plus de deux siècles et demi, à prouver les mérites et à glorifier le nom de la B. Germaine. Mais ils sont en si grand nombre, que ceux-là seuls qui sont rapportés dans les procès juridiques s'élèvent à plus de cent : guérisons en tout genre d'infirmités, opérées sur des personnes de tout âge et de toute condition, en tout temps et en toute saison de l'année, et très-souvent instantanément devant le tombeau, à l'invocation du nom, à l'attouchement des reliques de Germaine. Mais, ayant écrit là-dessus plusieurs chapitres dans une autre histoire, je me contenterai de raconter dans ce livre les quatre miracles qui ont été approuvés

par la Sacrée Congrégation des Rites, et vérifiés par S. S.
N. S. P. Pie IX.

§ XI. — Les quatre miracles approuvés pour la béatification :
1° la multiplication miraculeuse du pain.

La corporation religieuse dite du Bon-Pasteur a dans la
ville de Bourges une maison considérable où, selon le
propre de son institut, on a coutume de recueillir des
jeunes filles qui ont déjà été ou sont encore exposées à
de grands dangers ; là, par de saints enseignements,
on les amène à détester leur mauvaise vie passée et on
les met en état de se tenir fermes et solides contre les
appâts dangereux du vice. Le nombre de ces pauvres
filles est toujours considérable, parce qu'on ne refuse
aucune de celles qui veulent chercher là un abri comme
dans un port de salut. La maison donc, n'ayant pas de
revenus proprement dits, vit et se soutient presque uniquement par les aumônes volontaires des fidèles et par le
produit des ouvrages manuels auxquels on occupe ces
jeunes filles.

Deux fois par jour, on dresse la table pour tout le
monde ; mais pour quelques-unes spécialement, pour celles
d'un âge moins avancé surtout, il est nécessaire de leur donner plus souvent de la nourriture. Leur *ordinaire* consiste en légumes, parce qu'à raison de la pauvreté de la

maison, on ne peut leur donner de la viande que trois fois par semaine ; toutefois la nourriture, le pain surtout, s'accorde à toutes largement et à satiété.

Vers la fin de l'année 1845, on comptait dans la communauté 116 personnes, savoir : 17 religieuses, 59 jeunes personnes arrachées au mal, et 40 plus jeunes dont les plus âgées ne dépassaient pas dix-sept ans, et qui, soustraites pour quelque temps aux dangers du monde, étaient élevées et formées soigneusement dans la piété et dans les bonnes mœurs. Par suite d'une telle augmentation de bouches à nourrir, et de la diminution d'une part des secours et des ressources accoutumés, la maison fut réduite à une grande détresse ; et, loin d'avoir dans sa caisse de quoi subvenir aux besoins présents, elle était déjà depuis plusieurs mois endettée de la somme de 1,200 fr.

En cette fâcheuse conjoncture, la sœur Marie du Sacré-Cœur de Jésus, supérieure du monastère, ayant entendu raconter les nombreux prodiges que Dieu opérait par l'intercession de la Vénérable Germaine Cousin, se sentit animée et excitée à mettre en elle toute sa confiance, et à la prier de daigner subvenir miraculeusement à la nécessité pressante de la maison en multipliant sa provision de blé. Pour cela, elle ordonna une neuvaine de prières, elle fit lire dans toutes les classes ou salles d'école des jeunes filles la Vie de la Vénérable, dont on devait mettre les médailles dans le grenier pour les distribuer ensuite à toutes les religieuses, et elle les anima à prier avec une vive foi. Deux religieuses converses avaient la charge de faire, tous les cinq jours, le pain de toute la communauté, employant pour chaque fournée douze corbeilles de farine qui, pétrie et cuite, donnait vingt grands pains pesant chacun dix kilogrammes.

Or la supérieure commanda à ces deux sœurs de ne prendre pour les deux premières fournées que seize corbeilles de farine au lieu de vingt-quatre, qui étaient nécessaires, et de prier la Vénérable Germaine de suppléer à ce qui manquait.

Elles obéirent exactement ; mais, pendant qu'elles étaient à pétrir à la huche, voyant que la masse de pâte était bien au-dessous de ce qu'elle devait être pour qu'on pût avoir en un jour et en deux fournées les quarante pains accoutumés, elles prirent au tas une autre quantité de farine et l'ajoutèrent au reste. Comme avec tout cela on n'arrivait pas à vingt-quatre corbeilles de farine, qu'auparavant on avait coutume d'employer, il en résulta que les quarante pains qu'on fit étaient moindres en masse et en poids ; et ils suffirent à peine pour trois jours. On dut donc venir encore au bout de trois jours faire de nouveau pain ; et, parce que la supérieure s'était fortement plainte de ce que ses ordres n'eussent pas été exactement exécutés, cette fois les deux sœurs prirent seulement huit corbeilles de farine pour chaque fournée, et n'obtinrent que des pains beaucoup plus petits ; encore sur le nombre ordinaire en manquait-il deux ou trois.

C'était donc déjà la quatrième fois que cette épreuve était renouvelée, et on ne voyait pas encore de miracle, ce qui fit que sœur Marie de Saint-Janvier, une des boulangères, commença à tomber un peu dans la défiance : elle ne pouvait comprendre comment la supérieure persistait, au préjudice du monastère, dans ses mêmes dispositions à attendre une multiplication miraculeuse; elle aurait bien voulu en parler, mais elle s'abstint, pour n'être pas de nouveau taxée de personne de peu de foi et recevoir des réprimandes. Elle sentait en conséquence s'accroître en elle l'humeur qu'elle prenait des visites que ne cessaient de renouveler au four les autres sœurs, qui demandaient à chaque instant s'il n'y avait rien de nouveau. Mais laissons-la raconter elle-même avec sa simplicité ses contrariétés intérieures.

« Voyant, dit-elle, que la supérieure était mécontente,
« nous convînmes de ne mettre que huit corbeilles de
« farine par chaque fournée. Dans la première fournée,
« nous n'eûmes avec les huit corbeilles que des pains
« beaucoup plus petits et moindres en nombre de deux ou
« trois de ceux qu'on faisait ordinairement. La mère supé-
« rieure, étant venue au four, se fâcha parce que nous
« n'avions pas fait vingt pains comme de coutume, et elle
« nous reprocha notre peu de confiance. Pour lui obéir
« nous fîmes vingt pains dans la seconde fournée avec
« huit corbeilles de farine; mais nous n'eûmes que des pains
« très-petits qui pouvaient passer pour des biscuits. Les
« pains résultant de ces deux fournées ne durèrent, je
« crois, que trois jours. Quant à moi, j'étais très-ennuyée
« de tout ce que me disait la supérieure, comme aussi
« des visites des sœurs se succédant sans interruption au

« four, pour demander si le miracle se faisait. Elles me
« reprochaient mon peu de confiance en la Vénérable
« Germaine. Je remarquais encore que ces fournées occa-
« sionnaient une grande dépense de bois, parce qu'il n'en
« fallait pas moins que dans les fournées ordinaires, et
« cependant les pains faisaient moins de temps ; toutes ces
« raisons m'empêchaient d'en parler à la supérieure,
« parce que je ne voulais pas faire les premiers pas. »
Telles sont les paroles de la sœur.

La consommation inutile du bois commença même à jeter
quelques craintes dans l'âme de la supérieure, qui, à partir
de ce moment, roula dans son esprit la pensée de révoquer
l'ordre qu'elle avait donné. Elle l'aurait fait le dernier jour
de novembre comme elle l'avait décidé en elle-même. Mais
l'heure était avancée, et les sœurs étaient couchées, de
sorte que la bonne mère, n'ayant plus moyen de parler à la
sœur boulangère avant de se mettre au lit, pria encore avec
une plus grande ferveur la Vénérable Germaine, la sup-
pliant de ne pas permettre que le jour suivant les pains
résultant de la fournée fussent ainsi petits et maigres.

Donc le premier jour de décembre, la supérieure n'ayant
encore rien dit, les deux sœurs boulangères se mirent à
l'œuvre ; et, pour se conformer strictement aux ordres qui
leur avaient été plusieurs fois intimés, elles ne tirèrent
pas du grenier plus de huit corbeilles de farine par chaque
fournée. C'est cette farine sur laquelle s'opéra enfin le
miracle de la multiplication. Écoutons le récit de la boulangère elle-même, sœur Marie de Saint-Janvier : « Le lundi

« premier jour de décembre, nous remplîmes pour la
« première fournée huit corbeilles de farine qui n'étaient
« pas plus pleines que de coutume. J'étais ce jour-là d'hu-
« meur chagrine, ennuyée d'être obligée de faire le pain
« avec seulement huit corbeilles de farine, et ayant vu déjà
« à l'épreuve que la chose ne réussissait pas.

« Après avoir fait la pâte, je vis qu'elle était en quan-
« tité proportionnée à la farine que nous avions employée;
« et je dis à la sœur qui faisait le pain avec moi de mettre
« plein la corbeille de pâte ; c'était mon intention d'avoir
« par là un nombre beaucoup moindre de pains et de faire
« connaître ainsi à la supérieure que la chose ne pouvait
« pas réussir. Et je le disais comme par défi à la Bienheu-
« reuse Germaine, qui devait selon moi, puisqu'elle ne nous
« avait pas donné de la farine, nous donner la pâte toute
« prête et pétrie. Mais à mesure que l'autre sœur remplis-
« sait la corbeille, je vis que la pâte ne diminuait pas à pro-
« portion dans le pétrin, et il y en eut même suffisamment
« pour remplir toutes les corbeilles. Il y eut encore de
« quoi ajouter à tous les pains, et de plus il en resta deux
« ou trois livres que l'on laissa dans la huche. Je fus sur-
« prise et toute remplie de confusion d'avoir eu si peu de
« confiance et d'avoir parlé comme j'avais fait à la mère
« supérieure et à notre sœur. On obtint de cette fournée
« vingt pains qui furent encore plus gros que les pains or-
« dinaires, qu'on obtenait auparavant de douze corbeilles
« de farine, de sorte que de ces pains on n'en put faire en-
« trer que dix-neuf dans le four; qu'il en resta par consé-

« quent un, que l'on remit dans la huche avec le levain de
« la seconde fournée. Dans cette seconde fournée du même
« jour, nous remplîmes encore, dans la case à farine, huit
« corbeilles, et, après en avoir obtenu la quantité de pâte
« suffisante pour remplir le four, il resta encore dans la
« huche quatre corbeilles de farine que nous rangeâmes à
« part. Dans la première fournée nous ne nous sommes
« aperçues de la multiplication de la pâte qu'au moment
« où nous l'avons mise dans la corbeille ; dans la seconde,
« nous nous en sommes aperçues dans le moment même
« où nous faisions la pâte. Dans la matinée, la mère supé-
« rieure vint au four ; et la sœur qui était avec moi ayant
« dit qu'il y avait un miracle, je m'en allai parce que je
« sentais une trop grande honte. A la seconde fournée, je
« parlai du miracle à la sœur qui était avec moi pour
« faire le pain. En ce moment passait dans le voisinage du
« four la sœur économe; je lui dis qu'il y avait un mira-
« cle. Elle entra dans le moment que la pâte était dans la
« corbeille et la farine dans la case à farine. J'étais toute
« tremblante et confuse d'avoir eu si peu de confiance et
« d'avoir murmuré. J'avais tant de honte, que je n'osais
« pas paraître dans la communauté, et je cherchai encore à
« me cacher... Le lendemain, j'allai moi-même trouver la
« supérieure pour lui demander pardon de ma désobéis-
« sance et de tout ce que j'avais dit, promettant bien do-
« rénavant de lui obéir en tout point. » La sœur termine
son récit en confessant sa faute avec simplicité et candeur.

La prodigieuse multiplication dont on vient de parler

ayant été divulguée, nombre de religieuses et d'élèves coururent au four pour voir de leurs propres yeux le pain miraculeux. La supérieure ordonna des prières publiques pour
rendre grâces à Dieu et à la Vénérable Germaine, qui dans
ce jour avait bien voulu subvenir à leurs besoins par cinq
cent soixante-dix-sept livres d'un pain miraculeux. Il faut
ajouter que, les cinq jours suivants, la pâte se multiplia
de la même manière; seulement la multiplication ne fut
pas aussi abondante que la première fois. Une troisième
multiplication arriva dans le temps même où nous dressions
les procès-verbaux de la cause.

§ XII. — 2° Prodige de la multiplication de la farine.

La bienfaisance de la Bienheureuse Germaine pour
l'avantage temporel de cette maison n'en demeura pas là :
à la multiplication du pain succéda la multiplication de la
farine.

En octobre de cette même année 1845, il vint à la
maison trois cent soixante mesures de blé, qui, moulu et
réduit en farine, fut porté en deux fois au monastère,
savoir : le 22 d'octobre et le 13 novembre. Dans la crainte
que le grenier à farine ne fût pas assez fort pour supporter un si grand poids, on n'y mit que les trois cents premières mesures, et les soixante autres furent rangées

dans une autre pièce. Il y avait cependant une certaine petite quantité de vieille farine qui fut employée pour faire le pain la première fois, et ainsi ce ne fut qu'à partir du 4 novembre qu'on commença à faire usage de la nouvelle farine.

Nous avons dit ci-dessus, en parlant du premier miracle, que le pain se faisait habituellement dans cette maison tous les cinq jours, ce qui revient à six ou sept fois le mois, et que chaque fois il fallait pour chaque fournée vingt-quatre corbeilles de farine, qui correspondent pareillement à vingt-quatre mesures, d'où il suit que dans les six fois seulement devaient se consommer cent quarante-quatre mesures, et chaque mois cent cinquante mesures environ. Tous les témoignages s'accordent parfaitement sur ce point. Ainsi la sœur économe : « Ordinairement il se consommait « par mois (dit-elle) cent cinquante mesures de farine ; » et la sœur assistante : « Je sais que les mois précédents il se « consommait par mois cent cinquante mesures de farine ; » et enfin la supérieure : « Il se consommait ordinairement cent « cinquante mesures de farine par mois dans la maison. »

Cela posé, il s'ensuit, par une rigoureuse conséquence, que les trois cents mesures de farine mises dans le grenier, et que l'on commença à employer le 4 novembre, devaient naturellement être épuisées totalement dans les premiers jours du deuxième mois d'après, c'est-à-dire de janvier, et cependant elles durèrent jusqu'au commencement de février. Ce fut donc cent cinquante mesures nouvelles ajou-tées miraculeusement, ce qui était à point nommé ce dont on avait besoin, puisque la farine ne commença que vers cette époque à diminuer de prix.

Cette nouvelle faveur de la Bienheureuse Germaine, ajoutée à la précédente multiplication de la pâte, ranima et augmenta de beaucoup la foi des religieuses et les encouragea à espérer encore une plus grande assistance. La supérieure fit encore faire de plus ferventes prières par toute la communauté, elle laissa suspendre dans le grenier la médaille de la Vénérable, et elle se recommanda avec une ferme confiance à elle chaque jour. Ainsi Dieu se plut à exalter les mérites de sa servante et à récompenser la foi de ces religieuses.

§ XIII. — Jacqueline Catala, petite fille de sept ans, guérie instantanément d'une humeur rachitique opiniâtre.

De Jean Catala et de Louise Morin naquit, le 7 avril 1821, une fille à laquelle on donna au saint baptême le nom de Jacqueline. Elle avait environ trois mois quand elle fut prise du mal de la variole (rougeole volante); mais, soignée convenablement, en huit jours elle se remit et fut rétablie. Elle continua dans cet état de très-florissante santé jusqu'à ce qu'elle eut dix-huit mois, et alors, inopinément et contre l'attente de tous, elle tomba dans un état de défaillance totale et dans un extrême abandon de ses forces. Ensuite, le mal s'aggravant chaque jour de plus en plus,

les chevilles des pieds et les rotules des genoux commencèrent à grossir énormément, en même temps que les gras
des jambes et des cuisses diminuaient, se desséchaient
et se réduisaient enfin à un squelette osseux revêtu de peau.
A tout cela vint s'ajouter une fièvre lente qui achevait d'é-
puiser et de consumer l'infortunée petite fille. Multipliés
et fréquents furent les remèdes que la mère, avec sa tendre
sollicitude, employa contre ce mal, mais toujours sans
aucun succès. De sorte qu'à la fin elle laissa le mal suivre
son cours, le regardant comme tout à fait incurable. La
petite cependant croissait en âge, et ses maux croissaient
pareillement avec les années. Au commencement, elle pouvait faire quelques pas, quoique avec beaucoup de difficulté. Mais ensuite, les pieds étant tout à fait contournés,
et l'enfant n'ayant plus, à cause de sa grande débilité, la
force suffisante pour se soutenir, on dut la tenir toujours
dans son lit ou bien attachée et fermée dans un petit fau-
teuil à bras. De fois à autre l'enflure envahissait le ventre,
et elle souffrait de violentes convulsions d'intestins.

Grande était l'affliction des parents, et surtout de la
mère, qui, se voyant plus que jamais privée de tout espoir
dans les remèdes humains, se mit avec une plus grande
confiance à implorer les secours divins. Animée d'une
grande dévotion envers la Bienheureuse Germaine, elle se
voua à elle, promettant de faire trois pèlerinages à Pibrac:
les deux premiers toute seule, et le troisième avec la petite
infirme. Elle exécuta bien les deux premiers; mais le troisième, par l'effet de ses affaires domestiques, elle ne put

l'accomplir que trois ans après l'émission de son vœu et lorsque la petite fille avait déjà sept ans.

En 1828 elle se rendit donc à Pibrac ; et voici sa déposition elle-même, qu'elle affirma par serment, et que nous citons textuellement :

« Je partis (dit-elle) à pied avec une de mes amies qui
« travaillait avec moi. Devant nous marchait une bête
« de somme avec deux paniers, dans l'un desquels je mis
« ma fille Jacqueline, et dans l'autre mon autre fille. Un
« de mes fils, qui avait dix ans, marchait entre nous
« deux. Pendant le voyage, il ne se passa rien d'extraor-
« dinaire, ni encore dans le village de Pibrac. Nous
« entrâmes dans l'église ; c'était un dimanche, et le curé
« prêchait. Je me plaçai vis-à-vis la chaire avec mes en-
« fants. Je fis asseoir ma fille Jacqueline entre son frère
« et moi, et nous la soutenions tous deux. Ensuite nous
« entendîmes la sainte messe. A peine on eut agité la son-
« nette qui donnait le signal du *Sanctus*, que Jacqueline
« poussa un cri, et moi j'entendis dans le même moment
« un craquement que je crus avoir été produit dans les
« articulations des os de ma fille. J'étais dans un état
« difficile à décrire. Tout à coup il me vint en pensée que
« ma fille était guérie. Cependant je ne me dérangeai
« pas de ma prière, et, au moment de la communion, je
« recommandai l'enfant à son frère, ayant trop de répu-
« gnance de l'attacher à son siége par égard pour l'assis-
« tance. Agenouillée que je fus à la balustrade, voilà que
« Jacqueline, qui s'était échappée des mains de son frère,

« vient se mettre à genoux à côté de moi sans que personne
« la soutînt. Je ne puis exprimer l'émotion dont en ce
« moment je fus frappée, spécialement quand je vis la pau-
« vre enfant prendre comme moi la nappe de communion,
« comme si elle eût voulu communier. J'avertis avec la
« main le curé que cette enfant n'était pas pour commu-
« nier ; et lorsque je retournai à ma place, la petite fille
« me suivit, s'assit d'elle-même et resta ainsi assise sans
« avoir besoin du secours de personne pour se soutenir. Je
« vis toutes ces choses après la communion ; et j'observai
« que ses pieds avaient repris leur situation naturelle.
« Jacqueline, en ce moment, paraissait toute radieuse
« d'allégresse ; et quand elle vit que le prêtre, la messe
« dite, allait donner sa bénédiction, remarquant que tous
« en ce moment s'agenouillaient, tout à coup elle se dressa
« sans aucune aide, elle prit la chaise sur laquelle elle
« était assise, elle la tourna lestement avec dextérité et
« se mit à genoux dessus... Après avoir accompli mon
« vœu, je repartis aussitôt pour Toulouse. Nos cœurs
« remplis comme ils étaient d'une très-vive allégresse et
« de reconnaissance pour une guérison si subite, ni mes
« fils, ni la personne qui m'accompagnait, ni moi, nous
« ne mangeâmes pas un morceau. Nous arrivâmes à
« Toulouse vers les trois heures après midi, et à peine
« étions-nous rendus à notre domicile, que Jacqueline,
« voyant son père, s'écria : *Je suis guérie ; prenez-moi*
« *par le bras et mettez-moi par terre, et vous verrez*
« *comme je marche et comme la Vénérable Germaine*

« *Cousin m'a guérie.* Et effectivement le père prit tout
« à coup la petite, la mit à terre, et, sous ses yeux et à
« la vue de tous les habitants de mon quartier, qui est
« très-populeux, elle se mit à marcher, leste et agile, sans
« faire paraître qu'elle éprouvât la plus petite fatigue et
« difficulté, et dorénavant elle continua à être en parfaite
« santé. » Jusque-là, c'est cette femme qui parle ; il n'est
pas besoin de rien ajouter pour faire connaître la grandeur
du prodige.

§ XIV. — Philippe Luc guéri subitement d'une fistule incurable.

La guérison de Philippe Luc ne fut pas moins subite et
parfaite. A l'âge d'environ douze ans, il fut attaqué
à la hanche d'une douleur très-aiguë qui se faisait sentir
encore plus vivement quand il se remuait, et l'empêchait
de marcher librement. Cette douleur lui dura, plus ou
moins intense, près de deux ans, au bout desquels elle se
forma en tumeur qui, au moyen de quelque fomentation
que la mère lui appliqua, s'ouvrit et jeta un peu de pus ;
ensuite elle se referma, et peu de temps après elle se rou-
vrit de nouveau. On fit venir successivement trois des plus
habiles médecins et chirurgiens, qui eurent à peine visité
la plaie, qu'ils n'hésitèrent pas à déclarer, d'une manière
tout à fait uniforme, qu'elle présentait tous les symptômes
d'une fistule. Large d'environ quatre millimètres, profonde

de six centimètres, elle était d'une couleur livide et vio-
lette, et avait les lèvres tombantes et calleuses. Pour pouvoir mieux être pansé, on conseilla au jeune homme de se
faire transporter à l'hôpital de Saint-Jacques de Toulouse;
là, pendant deux mois de suite, les médecins employèrent,
pour guérir le jeune malade, toutes les ressources de leur
art, mais toujours inutilement : la fistule, quoique effrayante
dans ce qui en paraissait extérieurement, était encore bien
plus maligne et profonde intérieurement; elle allait jusqu'à
attaquer l'os qui était déjà carié en partie. Voyant donc que
tous les remèdes devenaient inutiles, le jeune homme sortit
de l'hospice et retourna à Cornébarrieu, sa patrie. Peu
de jours après son retour, il entendit parler des nombreux miracles qui s'opéraient au tombeau de la Vénérable Germaine, et, sentant naître en son cœur une vive
confiance qu'il guérirait, il résolut, sans plus attendre,
d'aller à Pibrac.

Il se mit donc en chemin, et n'avait pas encore fait une
lieue, qu'il ressentit une grande douleur. Force lui fut
de s'arrêter, pour se reposer, l'espace de deux heures au
milieu de la route; et il dut encore, plusieurs fois par la
suite, prier sa mère, qui l'accompagnait, de ralentir le pas,
parce qu'il ne pouvait la suivre. Arrivé à Pibrac, il entendit la messe et fit sa prière sur le tombeau de la
Vénérable Germaine, mais sans rien obtenir. Sa mère
retourna au pays avec lui, et, chemin faisant, elle se mit
à exciter la confiance de son fils en la protection de la
servante de Dieu, espérant obtenir plus tard ce qui n'était

pas encore accordé pour le moment. Le voyage s'acheva. Sur la tombée de la nuit, le jeune homme se mit au lit, et sa mère, après avoir pansé la plaie, la banda avec des linges qu'elle avait fait reposer, à Pibrac, sur le corps de la Bienheureuse Germaine. Le jeune Philippe s'endormit alors d'un très-paisible sommeil, et, quelques heures plus tard, s'étant éveillé, il appela sa mère pour qu'elle vînt encore le panser. A peine l'appareil eut-il été levé, que les linges furent trouvés très-secs et la fistule entièrement fermée. Les médecins, à un miracle si inattendu, furent stupéfaits, et l'un d'eux, le sieur Laurent Estévenet : « Quel ne fut pas, dit-il, mon étonnement « lorsqu'on me présenta ce jeune homme parfaitement « guéri? J'examinai la place où était auparavant la plaie ; « et une cicatrice bien formée indiquait que le mal avait « existé, mais n'existait plus du tout. Aucune difformité « dans l'os, aucune disposition qui pût faire craindre le « retour du mal. La cavité fistuleuse était fermée, et il « ne s'en était pas formé d'autre. Je dois encore indiquer « comme étant un caractère certain d'une guérison mi-« raculeuse la souplesse de la peau et le ramollissement du « tissu fibreux qui tapisse la cicatrice intérieure de la ca-« vité fistuleuse. » Ces paroles sont du médecin. La mère et le fils demeurèrent immobiles d'étonnement, et, se répandant ensuite en larmes de tendresse et de dévotion, ils remercièrent sur l'heure la Bienheureuse Germaine Cousin de sa tout amoureuse bienfaisance.

§ XV. — Concours extraordinaire et continuel des peuples au tombeau de la Bienheureuse Germaine.

Je ne sais s'il faut appeler effet ou plutôt occasion des miracles si nombreux et si éclatants par lesquels Dieu se plaît à exalter la sainteté et les mérites de la Bienheureuse Germaine, ce concours de personnes de toute classe qui vont sans interruption visiter à Pibrac le tombeau de la Bienheureuse; il est certain que la renommée des prodiges précédents attire les peuples et les excite à une vive confiance d'en obtenir de nouveaux. De là, le concours qui se fait de toutes parts pour venir, soit demander des grâces, soit accomplir des vœux en remercîment des grâces déjà reçues. Il semblerait que Dieu ait voulu dédommager ainsi sa servante des humiliations et du total oubli où elle passa sa vie, en rendant plus que jamais son tombeau glorieux après sa mort; il n'y a pas d'époque ou de saison dans l'année où ne viennent des compagnies de pèlerins, qui, réunis en troupes plus ou moins nombreuses, se rendent à Pibrac conduisant avec eux des infirmes de toute espèce : estropiés, contractés, aveugles, couverts de plaies et affligés d'autres infirmités. Il en vient même de Paris et d'autres provinces encore plus éloignées, et quelques-uns d'entre eux à pied et récitant pendant la route de pieuses prières. Ce ne sont pas seulement des gens de la classe vulgaire, mais de nobles et riches personnages, des magistrats distingués, des cardinaux, des archevêques et évêques de siéges considérables, des prêtres et des religieux de toute condition. On vit même des princes, des membres de familles royales se transporter dévotement à Pibrac pour visiter le tombeau de la Bienheureuse Germaine, et quelques-uns implorer d'elle secours et aide dans leurs infirmités, ainsi que fit la princesse de Baira, qui, ayant obtenu quelques grâces, envoya une somme d'argent au tombeau de la Bienheureuse. Dans ces dernières années surtout, depuis que la cause de la béatification a été entamée par la Sacrée Congrégation des Rites, le concours et la ferveur des peuples s'accrurent de telle sorte, qu'on dut, pour la plus grande commodité et le transport plus rapide des étrangers et des voyageurs, établir un service régulier de voitures, qui, chaque jour, partent et retournent plusieurs fois tour à tour de Toulouse à Pibrac.

Ainsi, là où auparavant il n'y avait qu'une pauvre et mesquine bourgade dont on connaissait à peine le nom, on trouve un village qui, grâce aux vénérables ossements de Germaine, ce précieux trésor, qu'il renferme, est devenu célèbre et renommé par tout le royaume et même à l'étranger, et qui, ayant perdu son nom propre, est communément appelé par tout le monde non plus *Pibrac*, mais *Sainte-Germaine*. Et, en effet, il a bien raison de garder avec une jalouse sollicitude ces dépouilles sacrées qui sont sa gloire, son ornement et sa richesse. A ce propos

il ne sera pas désagréable au lecteur de lire le récit suivant.
On avait déjà désiré à Toulouse commencer le procès
d'enquête touchant la vie et les miracles de la servante
de Dieu, et on voulait y joindre un autre procès qui s'appelle *de non cultu*, dans lequel on doit prouver par les
dépositions devant témoins que l'on n'a pas rendu ou
qu'on a supprimé toute espèce de culte public non ap-
prouvé par le saint-siége ou non conforme aux décrets
d'Urbain VIII. Or ce procès ne pouvant pas se faire
à Pibrac et au lieu même où était le tombeau de
la servante de Dieu, Mgr l'archevêque de Toulouse
ordonna que la commission qui était chargée de l'infor-
mer s'y transportât. On ne sut pas plutôt dans la terre
de Pibrac que, à peu de jours de là, viendraient de Toulouse le vicaire général et avec lui les autres chanoines
procureurs et notaires ecclésiastiques, que tous commencèrent à soupçonner, puis regardèrent pour certain
que ce serait précisément là le moment où on leur
enlèverait le corps de la sainte bergère. Il s'adjoignit
pour exciter la susceptibilité du peuple certaines personnes intéressées du pays, qui, craignant de perdre, par
la soustraction des précieuses reliques, le gain qu'ils reti-
raient du concours de pèlerins, appuyèrent les réclama-
tions de la rumeur publique et excitèrent les esprits, déjà
échauffés, à résister avec force; tout cela fit que le village
fut en un instant tout en soulèvement et en tumulte: riches
et pauvres, grands et petits, gens de tout âge et de toute
condition, se levèrent en grande rumeur, et, respirant l'in-

dignation et la colère, ils se portèrent en foule et se mirent
à tourner et retourner autour de l'église et du cimetière,
prêts à garder et à défendre, même au prix de leur vie, le
dépôt sacré de la dépouille de la bergère.

Sur ces entrefaites, arriva de Toulouse la commission, qui
fut accueillie de loin par des cris tumultueux et par les
plus ardentes menaces. Ayant appris la cause du tumulte, le
vicaire général harangua la multitude ; mais on put à peine
entendre sa voix. Le peuple, furieux de plus en plus, faisait
entendre des vociférations de toutes parts, et le curé d'une
paroisse voisine eut le bras tout contusionné d'un coup de
pierre. A la fin, non sans grande difficulté, on obtint d'en-
trer dans l'église, qui aussitôt se remplit d'une foule de
peuple. Alors les plus jeunes et les plus emportés élevèrent
la voix et poussèrent ce cri : « Nous ne voulons pas de
béatification ! Que sainte Germaine nous guérisse ici dans
nos infirmités, et cela nous suffit ! nous n'en désirons
rien autre chose. Sainte Germaine est notre propriété,
nous ne la céderons pour rien au monde, et nous ne per-
mettrons jamais qu'elle soit enlevée d'ici. » Le vicaire
général, M. Jacques Baillès, plus tard évêque de Luçon,
s'efforça à plusieurs reprises de calmer la multitude ;
mais tout fut inutile : ces écervelés ne voulaient rien entendre. Enfin il se fit un moment de silence, on put élever la voix et protester qu'on n'avait jamais eu l'intention d'enlever le corps de Germaine ; que ses restes sacrés
ne quitteraient pas Pibrac ; que personne, ni avant ni après
la béatification, n'oserait jamais les soustraire ; que telle

était l'intention de Mgr l'archevêque de Toulouse, et que rien ne serait changé à l'état actuel des choses, ainsi qu'il l'avait assuré lui-même. Mais le vicaire général et les autres commissaires avaient beau dire et protester, le peuple, dans cette effervescence des esprits, ne voulait ni les écouter ni se fier à eux. C'est pourquoi toute cette première session se tint au milieu du bruit, des menaces et des protestations. Le préfet du département et le procureur général voulaient en venir à la voie des châtiments contre les principaux auteurs du tumulte ; mais les autorités ecclésiastiques intervinrent, demandant grâce et merci pour les coupables, qui en définitive n'en étaient venus à ces excès que parce qu'ils étaient mus par un sentiment de vénération et de jalouse sollicitude pour ce trésor sacré qu'ils possédaient et qu'ils voulaient avant tout garder comme leur propriété : n'avaient-ils pas raison d'après tout ce que nous avons raconté jusqu'ici ?

§ XVI. — Actes de la béatification.

Lorsque Mgr Paul d'Astros, qui pour la remarquable intégrité de sa vie et pour avoir bien mérité de la sainte Église, qu'il défendit dans les temps de la plus grande agitation et des plus terribles dangers, fut ensuite honoré de la pourpre sacrée, monta sur le siége archiépiscopal de Toulouse, tout embrasé de zèle pour la gloire de la ser-

vante de Dieu, Germaine Cousin, il résolut de travailler
de tout son pouvoir à procurer la conclusion de l'affaire
de la béatification. Outre que les enquêtes déjà faites
par l'archidiacre Dufour en 1661, et par le P. Marcel
en 1700, dont nous avons parlé en leur lieu, avaient été
faites sans les formalités ordinaires et nécessaires, elles
s'étaient bornées à constater l'intégrité et l'identité
du corps, et à relever par écrit les témoignages de
quelques prodiges qui s'étaient opérés ; il y était très-peu
question de ce qui regardait les vertus. En conséquence,
il fut nécessaire de dresser de nouveaux procès-verbaux
en la forme ordinaire; on les commença en 1843 et ils
furent terminés l'année suivante.

La copie authentique de ces procès-verbaux ayant
été portée à Rome, Grégoire XVI, sous la date du 24 janvier 1845, donna permission d'en faire l'ouverture, et le
même jour il nomma pour rapporteur et référendaire de
la cause l'éminentissime cardinal Louis Lambruschini, qui
s'appliqua toujours avec beaucoup de zèle et une piété rare
à promouvoir la cause et à accélérer la marche de l'affaire.

Le 14 juin de la même année, dans la Sacrée Congrégation des Rites, on traita de l'introduction de la cause, qui
plus tard, c'est-à-dire le 20 du même mois, fut signée par le
souverain pontife. Dans cette introduction, une très-humble supplique fut présentée au saint-siége par sept archevêques, seize évêques, dix-sept chapitres de cathédrale,
dix-huit paroisses et plusieurs communautés religieuses de

France. Le 27 fut accordée la faculté d'expédier les lettres rémissoriales pour l'organisation de la procédure apostolique, touchant la renommée de sainteté, et en même temps sur les vertus et les miracles considérés en détail. D'autres lettres rémissoriales furent encore obtenues en 1846 et 1847, et expédiées à Toulouse et à Bourges pour ouvrir une enquête juridique sur quelques miracles éclatants opérés de Dieu en ces lieux, par l'intercession de sa servante.

La validité de toutes ces procédures, soit ordinaires, soit apostoliques, fut discutée et approuvée le 22 juillet 1848, et on la confirma six jours après par l'autorité du saint pontife Pie IX. Les choses ainsi préparées, le 27 janvier 1849 devait se tenir, selon la coutume, la première congrégation sur les vertus, congrégation qu'on appelle *antépréparatoire*; mais, la chose étant impossible alors, soit à cause des troubles politiques qui agitaient Rome, soit à cause de l'absence du cardinal référendaire, on obtint de Sa Sainteté l'autorisation de recueillir les suffrages des RR. consulteurs *à privatim*, de manière que cela pût tenir lieu de la congrégation *antépréparatoire*. La seconde congrégation, qu'on nomme *préparatoire*, se tint, le 22 novembre de la même année, dans le palais apostolique du Quirinal; et dans cette congrégation on discuta et on agita si bien la *cause*, que, comme il n'y avait plus rien qui fît opposition, Sa Sainteté ordonna qu'on procédât à la congrégation générale qui devait se tenir en sa présence avec les mêmes observations et les mêmes réponses déjà proposées dans les congrégations précédentes; et ainsi, le 26 mai 1850, fut publié le décret qui reconnaissait les vertus dans le degré héroïque.

On présenta finalement les quatre miracles requis pour l'expédition de la *cause* et examinés avec soin, selon la forme voulue, dans les trois congrégations tenues les 2 décembre 1851, 23 novembre 1852, 19 avril 1853, et, le 24 du mois de juin suivant, fut publié le décret dans lequel on déclara qu'on pouvait en toute sécurité procéder à la solennelle béatification de la vénérable servante de Dieu.

On voit clairement, par ce que nous avons exposé ici, que cette cause a été commencée et finie par la Sacrée Congrégation des Rites dans le seul espace des huit ans qui se sont écoulés depuis la première introduction jusqu'au décret qui ordonna la béatification.

Cette prompte et heureuse issue doit être attribuée aux soins empressés des deux archevêques de Toulouse, Mgr d'Astros et Mgr J.-M. Mioland, ainsi qu'au cardinal rapporteur de la cause, Louis Lambruschini, au promoteur Mgr Jacques Estrade et au très-cher avocat François Mercurelli, qui tous, dans une heureuse combinaison de leurs efforts, n'ont rien omis et ont employé au contraire la plus grande diligence pour mener l'affaire à heureuse fin.

Il n'en faut pas moins reconnaître que cette célérité ne vient pas seulement des moyens humains, mais doit surtout remonter jusqu'à la divine Providence, qui voulait certainement exalter et glorifier sa très-humble petite servante. Ce n'est pas à dire que les difficultés qui se présentaient en foule pour empêcher l'instruction et la conclusion de l'affaire fussent de peu de poids et en petit nombre. Elles étaient, au contraire, très-considérables, soit au point de vue de la valeur des raisons, soit pour la substance des faits ; toutes furent sans exception résolues en une seule fois, et tous, cardinaux et consulteurs, s'accordèrent à porter une seule et même sentence. Le saint pontife Grégoire XVI lui-même, ayant été d'abord quelque peu en crainte sur l'issue d'une telle cause, n'eut pas plutôt lu posément l'exposition qui avait été faite pour *l'introduction* de la cause, qu'il n'hésita plus à l'appeler admirable et qu'il exhorta immédiatement le *promoteur* à la pousser avec toute l'ardeur dont il était capable.

§ XVII. — Explication des peintures exposées dans la basilique Vaticane le jour de la béatification.

Je clos enfin cette histoire par une brève et succincte explication des peintures exposées dans la basilique Vaticane, à l'occasion de la béatification.

Sur l'étendard suspendu à la grande tribune extérieure de la basilique est représentée la Bienheureuse dans le moment où elle laisse la terre pour s'envoler vers la céleste patrie ; elle est debout, en pied, sur les nuages et entre deux anges qui l'accompagnent. Dans le lointain, au fond du tableau, on voit le petit village de Pibrac où elle prit naissance et où repose encore sa dépouille sacrée; ensuite la campagne où elle passa sa vie solitaire en faisant paître ses brebis; et enfin la croix de bois plantée en terre devant laquelle la servante de Dieu restait de longues heures dans la plus haute contemplation, épanchant son cœur dans l'amour de son Bien-Aimé. Quelques détails du tableau font aussi connaître par quels degrés la Bienheureuse Germaine parvint, en passant par des degrés successifs, à la plus haute perfection et à la plus grande sainteté, c'est-à-dire par l'humilité, la solitude et l'oraison.

Le tableau placé au-dessus de la principale porte, dans le vestibule de la basilique, représente le miracle du pain changé en fleurs, qu'on trouve raconté en détail dans la Vie. La marâtre est représentée avec un air outré d'indignation et avec un bâton à la main; on la voit secouer avec furie le tablier de la servante de Dieu, qui, par son air serein et tranquille, forte qu'elle est de son innocence, montre qu'elle ne craint ni les menaces ni les coups. Se tiennent sur les côtés Pierre Paillès et Jeanne Salaires, habitants de la terre de Pibrac, accourus pour arracher la pauvre enfant des mains de sa belle-mère furieuse, et frappés, émerveillés en voyant tomber du tablier de Germaine, au lieu de pain, une pluie de fleurs.

Dans l'intérieur de la basilique, à l'extrémité des tribunes, les deux ouvertures des arcades latérales qui conduisent dans le transsept secondaire sont fermées par deux

www.ingramcontent.com/pod-product-compliance
Lightning Source LLC
Chambersburg PA
CBHW071403030726
47594CB00002B/828